ʿAliā' et ʿIssām

Théâtre poétique

Pour regarder la pièce théâtrale :
‘Aliā’ et ‘Issām

Veuillez utiliser le code QR.

Dr. Sultan bin Mohammad Al-Qasimi

ʿAliā' et ʿIssām

Théâtre poétique

D'après le poème de Qaïssar al-Maalouf

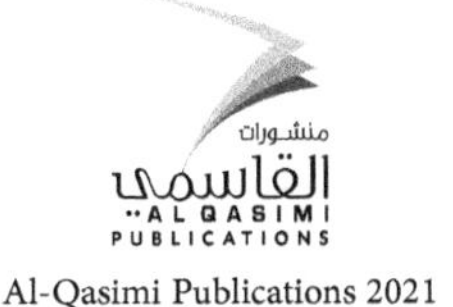

Al-Qasimi Publications 2021

Titre du livre : ʿAliā' et ʿIssām
«Alia and Issam» 2015
Nom de l'auteur : Dr Sultan bin Muhammad Al-Qasimi
Nom de l'éditeur : Al-Qasimi Publications, Sharjah, Émirats Arabes Unis
Année de publication : 2021
Tous droits réservés
Publications Al-Qasimi

Traduit de l'arabe en français par : Dr. Fatima Zohra Sghiyar
Révisé par : Dr. Youssef Raihani

Distribution : Al-Qasimi Publications, Sharjah,
P.O. Box 64009
B.P. 64009 Sharjah, Émirats Arabes Unis
Téléphone : +971 6 50 90000 Fax : +971 6 55 200 70
Website: www.alqasimipublications.com
Email: info@aqp.ae
Sharjah, Émirats Arabes Unis

ISBN 978-9948-469-36-0
Autorisation d'impression : Conseil national des médias Abou Dhabi
No. MC 03-01-9583550, Date : 06-07-2021

Groupe d'âge: E

Sommaire

Système de transcription

Nous adoptons ici un système de transcription très simplifié qui permettra de rétablir l'équivalence exacte des lettres, des voyelles et des articles définis qui figurent dans la langue arabe mais qui échappent à l'alphabet français.

- Le hamza « ء » est transcrit « ' » ;

- La lettre « ق » (qāf) est transcrite « q » ;

- La lettre « ع » (' ayn) est transcrite « ' » ;

- La lettre « ذ » (thāl) est transcrite « th » ;

- Les voyelles longues dans « a » et « i » sont marquées par un trait au-dessus : ā et ī ;

- Les voyelles longues dans « o » et « u » sont marquées par un accent circonflexe: û et ô ;

- L'article défini « al- » reste « al- » même devant une
  « lettre solaire » sauf exception ;

- Les noms propres en capitale à chaque terme du
  nom, sauf à l'article « al- » en position médiane.

Personnages

- Le Conteur
- Les cavaliers de la tribu Roula
- ‘Aliā’
- ‘Issām
- La Mère de ‘Issām
- Deux groupes de cavaliers
- Le Père de ‘Aliā’

Lieu

Les camps de la tribu Roulā situés dans une cam-
pagne entre Hama et le Levant.

Scène 1

Une tente bédouine noire dressée dans le désert, non loin du public où se trouvent les maisons d'une tribu arabe nommée Roulā.

Au moment où le Conteur raconte l'histoire de 'Aliā' et 'Issām, les cavaliers de la tribu passent devant la tente en montant leurs chevaux.

Arrivent ensuite 'Aliā' et 'Issām, encore enfants. Ils traînent devant eux les troupeaux vers le pâturage.

Le Conteur

Roulā sont des Arabes où les tentes sont châteaux

Et les demeures s'étalent de Hama au Levant

Des guerriers, au gagne-pain vont en chantant

Sur des chevaux invincibles et jamais lassants

Leur passion est la chasse aux ennemis

L'épée et les flèches sont leur fierté

Et le poltron, parmi eux, n'a jamais existé

Lorsque ses cavaliers, à la razzia s'apprêtent,

Seuls les petits orphelins qui, encore, s'allaitent

Ou les petits sevrés échappent à la conquête

Parmi les fillettes de la région, il y avait ʿAliā'

Parmi ses gens bien, on comptait le jeune ʿIssām

Deux bergers grandirent-ils comme tout enfant
arabe

Scène 2

ʿAliā̄ʾ, cheveux voilés, est accompagnée du jeune homme ʿIssām. Ce dernier lui tient la main. Tous deux arrivent de derrière la tente et se mettent devant la toile.

Le Conteur

Là-bas, discrètement, ils se serrèrent les mains

Et l'intense passion attacha leurs cœurs si fins

ʿAliā̄ʾ, atteignant déjà le printemps de son âge,

Devint assez digne de voiler cheveux et visage

Et ʿIssām, si fort, aux bras robustes capables

De manier, habilement, flèches et fines lames,

Sa mère, un jour, l'interpela à travers la toile…

La Mère de ʿIssām

Ô ʿIssām… mon glaive!

ʿAliā' s'éloigne avec hâte. La mère de ʿIssām sort
de la tente portant une armure et une épée.

La Mère de ʿIssām

Maintenant que tu es devenu lucide

Que de la brave armée, tu en fais part

Venge ton honnête père brave fils

Ou banni seras-tu par nos vénérables Arabes

ʿIssām

Est-ce proie de meurtre, mon père, fut-il ?

Comment, le brave homme, annihilèrent-ils?

Au nom du Prophète, je ne me permettrai de vivre

Tant que ces vermines d'ennemis respirent

Qui sont-ils mère? Dites-le! C'est l'heure !

De la patience ne dispose plus mon cœur!

La Mère de ʿIssām

Ton ennemi est bel et bien le père de ʿAliā'

Fiston, maintenant, lève-toi et dresse-toi bien!

Armure et sabre, sont tous deux, les tiens !

Le Conteur

Et 'Issãm monta sa pouliche

Alla en galop comme un éclair

Des torrents de larmes jaillissaient

De ses yeux affligés et bondissaient

Il trouva le père de sa bien aimée

Seul sur une monture épuisée

Le duel entre 'Issãm et le père de 'Aliã' se passe près de l'un des côtés de la tente.

Le Conteur

Là-bas, les deux ennemis se sont confrontés

Au point que la poussière est montée en nuée

Au-dessus de leurs têtes et les a enveloppées

Les coups d'épée de 'Issãm se suivirent

Que les os de l'ennemi, déchiquetés, se virent

Heureux et enjoué, à sa mère il revint

Il lui dit :

ʿIssām

Réjouissez-vous mère…

Mission accomplie !

La Mère de 'Issām arrive en courant droit vers son fils.

ʿIssām

Réjouissez-vous mère…

Mission accomplie !

De l'autre côté de la tente, 'Aliā' agenouillée à côté du cadavre de son père. Elle se dirige vers 'Issām en pas accélérés.

Scène 3

Le Conteur

> Alors que mère et fils de joie éclatèrent,
>
> Sur les joues de ʿAliā' se dessinèrent
>
> Pleurs et traces de palmes entières
>
> Qu'elle ne pût s'empêcher de crier

ʿAliā'

> Ô ʿIssām…
>
> *La Mère de ʿIssām se précipite vers sa tente.*

ʿAliā'

> Ô ʿIssām ! On a tué mon père !

A ta vengeance, séant, je m'espère

Qui autre que toi me protégerait

Au temps d'affliction où le mal surgi

Si ce n'est, brave homme, ton épée ?

ʿIssām

Réjouis-toi ʿAliā' ! A ma promesse

J'accomplis toujours sans détresse

Tu verras de tes yeux, je te le promets,

Le tueur de ton père tué !

Le Conteur

Le temps de finir ses paroles

Il introduit l'épée dans son corps

Tomba suite aux coups atroces

En regardant ʿIssām dans son sang englouti

ʿAliā' tira du buste le fer introduit et lui dit :

ʿAliā'

Ne meurs pas avant moi ʿIssām

Je me vengerai de ton rival

Tel nous le dicte notre serment

Et notre quittance évidemment !

Le Conteur

Elle introduit l'épée dans sa poitrine

Et dit :

'Aliā'

Adieux à tout ce monde entier !